W0236285

VERLAG ANTJE
KUNSTMANN

FRITZ ECKENGA

FREMDEN VERKEHR mit EINHEIMISCHEN

Rettungsreime

mit ZEICHNUNGEN
von ERNST KAHL

KuNStmANN

§ 1

Dichtung ist Verpflichtung zur Verdichtung.
Wenn der Dichter platt palavert,
wenn er wortgewaltig wabert,
Locken auf die Glatze labert,
wenn der Dichter bläht und dehnt,
riskiert er, dass die Kundschaft gähnt.

NAHBEREICH

Augen schließen, Eichhörnchen gießen

All inclusive

Liegen im Garten –
warten …

Blätterrauschen –
lauschen …

Augen schließen –
Eichhörnchen gießen.

Häh …?
Huch … ziemlich heiß hier.

Besser im Schatten
hängend ermatten.

So ist gut.

Keine Wahl

Nacht, so schrecklich lang und grau.
Er, von hundert Bieren blau.
Ungenaues vor den Augen.
In Gefäßen Gift und Laugen.

In den Lungen Teer und Dampf.
Waden-, dann auch Magenkrampf.
Kettensägenkarusselle.
Mikrowelle! Frikadelle!

Viel zu hastig. Er erbrach.
Stunden später: Wieder wach.
Schwaches Leuchten in der Zelle.
Frühstücksfernsehn. Westerwelle.

Eine Weile ließ er's laufen.
Und dann wieder saufen, saufen …

Ein Film vom Glück

In diesem Film vom Glück sitzt sie
mit ihrem Po auf seinem Knie.
Das rechte ist schon ewig Schrott,
drum sitzt sie links, so geht's, grüß Gott.

Der Film vom Glück ist schwarz und weiß,
ihr Haar ist grau, er pustet leis',
wie bei der allerersten Balz,
in ihren Nacken, Gott erhalt's.

Sie lacht sich vor Vergnügen fett.
Die nächste Szene spielt im Bett
und bleibt fürs Publikum tabu.
Nichtmal der liebe Gott schaut zu.

Die Paar ist alt, die Liebe frisch.
Vom Bett geht's zum gedeckten Tisch.
In diesem Film ist Glück Genuss
und zwar, weiß Gott, im Überfluss.

Zum Schluss des Glücksfilms sitzen sie
mit vollen Mündern vis-à-vis.
Sehr hungrig seh'n wir diese alten
Turteltauben Hähnchen halten.

Da ist sogar der Herrgott platt
und segnet, was er bescheret hat.

Brücke der Versöhnung

Seit du fort bist – diese Lücke.
Herz zerbrochen – tausend Stücke.
Niemand baut mir eine Brücke
über diesen Todesstreifen.

Soll ich selbst zum Spaten greifen?
Löcher graben, Pfeiler setzen?
Willst du mich noch mehr verletzen?

Komm zurück, dann sind wir quitt,
und bring noch was vom Griechen mit.

Einfach

Geht es dir gut?
Sowohl als auch?
Mit andren Worten:
Kopf *und* Bauch?

Darf es noch mehr
von beidem sein?
Mit andren Worten:
Sein *und* Schwein?

Dann ist es gut.
Dann sei doch froh.
Mit andren Worten:
Einfach so.

Der untote Nachbar (1)
Alle Gewerke

Was ist denn das da,
was da zwischen den Geschossen lebt?
Ist es der SANITÄR,
der asselgleich am Fallrohr klebt?
Der mit den Gossenpfoten Muffen schrumpft
und Schlitze stemmt,
bevor er Frühstücksbrote isst
und sich den Schnäuzer kämmt?

Was ist denn das da,
was da meißelnd durch Fassaden bricht?
Ist es der PLUS-UND-MINUS-WICHT
auf seiner Terrorschicht?
Der wie das Nagetier den Käse
meine Wand durchlocht
und sich mit Kupferdraht
aus Reval-Zähnen Reste stocht?

Was ist denn das da,
was da lallend von der Leiter sinkt?
Ist es der LACKMANN,
der wie Rhein bei Leverkusen stinkt?
Der unter Plastikplanen Nitro
in den Zinken snifft
und kurz vor Feierabend
gern auch in die Diele schifft?

Oh nein, dies Grauen haben nicht die bösen Drei vollbracht.
Es ist der Nachbar, der das alles ganz alleine macht.
Der wie der Terminator II ins letzte Feuer geht
und der am nächsten Morgen pünktlich wieder aufersteht.

Dickes G.

Etwas Zeit, Geduld, Vertrauen,
besser, man verletzt sie nicht,
diese schöne, erste Schicht.
Ganz behutsam tasten, schauen.

Auf noch unbewohnten Kissen
manches dürfen, gar nichts müssen.
Zwischen schönen leisen Küssen
vieles ahnen, wenig wissen.

Warmen Wind in langen Haaren,
hoch auf Haldenkronen steigen.
Köpfe zueinander neigen,
tief ins Bernstein-Bergwerk fahren.

In den Zwischenzeiten Worte,
Satz um Satz zum Bild gefügt.
Ohren, die man nicht betrügt,
hören sich an neue Orte.

Augenblicke werden länger
und aus langsam wird nicht schnell.
Träume werden leicht und hell
und die Räume weit, nicht enger.

Ganz behutsam tasten, schauen,
so viel Zeit für dieses Fest,
alle Zeit für dieses Nest,
so viel Freude, es zu bauen.

Über gewisse Kleinigkeiten

Über gewisse Kleinigkeiten
seh ich hinweg
ohne zu streiten.

Es gibt nur eine ganz bestimmte Methode,
Hemden ordnungsgemäß zu falten?
Na schön. Da will ich nicht gegenhalten.
Geschweige denn recht behalten.
In Hemdenangelegenheiten muss ich mich nun
wirklich nicht in den Vordergrund drängen.
Was hältst du davon, sie auf Bügel zu hängen?
(Die Hemden, nicht die Angelegenheiten.)

Selbstverständlich gibt es sehr gute Gründe, die für
meine Zubereitungsart von Sauce Bolognese sprechen.
Deine kommt dem italienischen Original viel näher?
Va bene!
Dafür einen Ärger vom Zaune brechen?
Nie!
Deine schmeckt doch auch recht passabel,
so ganz ohne Sellerie.

Einmal hatten wir einen absolut kindischen
Streit – ewig her –
über die richtige Ausfahrt im Kreisverkehr.
Wir haben bestimmt sechsmal die Runde gemacht.
Was sagst du? Acht?

Abgemacht!
Keine Diskussion.
Was soll's, alle Wege führen schließlich nach Iserlohn.
Obwohl wir ja nach Paderborn wollten.

Nein, wirklich, es ist Zeit
für ein bisschen mehr Ausgeglichenheit.

Da hinten auf dem Meer? Dieses Licht?
Na, ein Schiff.
Nicht?
Was denn?
Ein Stern?
Gern.
Kuckmal, jetzt nähert er sich langsam dem Hafen.

Wer nur etwas von Souveränität versteht,
weiß nun, worum es mir geht:
Ruhe, nicht Recht behalten.

Nur auf einem werde ich immer bestehen
und keiner – ich wiederhole: KEINER! –
Auseinandersetzung aus dem Wege gehen!

Das sage ich dir geradeheraus ins Gesicht:
Kühe, meine Liebe,
Kühe »blöken« nicht!

Bester Fang

Jürgen angelt, Jürgen fischt,
Jürgen bindet Fliegen.
Jürgen steht am Bach, in Gischt,
lässt kein Wasser liegen.

Einmal nur, in Santorin, ringsum alles Meer,
ließ er Wasser Wasser sein,
wurd' er erdenschwer.

Insel, lange Nacht und so,
linkerhand Retsina,
bester Fang saß längst an Land, neben ihm:
Bettina.

Zehn

Und hopp – und ex – die liebe Zeit
mit ihren Siebensachen
verzieht im grünen Sommerkleid
und wird woanders lachen.

Tür auf – Tür zu – ein schneller Dreh
und keine weit'ren Fragen.
Geschmolzen sind wie später Schnee
zehn Jahre in zehn Tagen.

Der untote Nachbar (2)
Vom Dach

Bereits im ersten Grauen lieg ich wach
und hänge den Gedanken nach.

Das Auge unscharf noch, die Linse angemessen trüb,
im Kopf dagegen viel zu früh Betrieb.
Der Schopf noch nachtwarm,
aber klamm im feuchten Federkissen,
ich habe Schiss, denn Angst und Ahnung tagen schon,
sie spielen Quiz.
Sie woll'n was wissen.
Die Masterfrage lautet nicht *warum?*, sondern nur *wie?*
Wie wird er heute variieren,
von welcher Flanke wird der Flegel attackieren?

Im Raume Ruh, nur leises Weckerticken
und vor dem Fenster gähnt ein Meisenmann.
Doch dann kann ich das Rumgedenke knicken,
denn es geht los! Es ist soweit! Jetzt greift er an:
Der Nachbar!

Des Nachbars Daseinsauftrag ist erneut zu hören:
Stören!
Krach!
Diesmal von ganz oben.
Diesmal sitzt er auf dem Dach.

Ich raus und grollend von ganz unten: TACH!
Er antwortet nicht.
Sein Hammer fliegt ins frühe Gegenlicht.
Etwas zerbricht.

Dann Rieseln, Rutschen, Stauben
und unvollendet bleibt sein Schrei: NEIIIII …
… noch vor dem N zerschellt der Mann in Gauben.

Am Boden Ziegel – Reste roter Scherben.
Ach Nachbar, wie oft willst du denn noch sterben?

Was bleibt

So viel gerne hingegeben
und so viel bekommen.
Wieviel braucht man für ein Leben?
Was wird mitgenommen?

Das, was Möbelpacker tragen
vor die frisch gestrich'nen Wände.
Bleiben werden drei, vier Fragen
und zwei leere Hände.

Vergänglichkeit

Die Jahre geh'n wie Heu – Moment – wie Fliegen?
Metaphernsicherheit, wo biste hin?
Ein Pils! Ich lass die Wörter einfach liegen.
Nochmal von vorn: Die Haare werden dünn.

Man soll die blauen Zellen, nee, die grauen …
Hast du mal ne Tablette? Ich bin breit.
Ich kann ja kaum noch aus den Augen schauen.
Was schreib ich auch Sonette um die Zeit.

Vergänglichkeit! So lautete das Thema.
Die Hoffnung stirbt zum Schluss, der ganze Stuss.
»Die Eieruhr läuft ab«, das passt ins Schema.

Eins nehm ich noch und dann den letzten Bus.
Zuhaus, im ersten Licht, da muss ich dichten.
Gleich morgen lass ich den Computer richten.

First Class

Heute bin ich hinter Wänden
für das Außenreich nicht da.
Ich empfange kein Blabla,
Welt muss sich allein versenden.

Heute kann mich gar nichts kriegen,
keine Uhr und keine Zeit.
Einsam bleib ich lang und breit
zwischen weichen Kissen liegen.

Leise schlägt mein Herz Synkopen
unter diesem Federbett.
Lautlos schwebt mein easy jet
mit mir in die Misantropen.

AUSSER HAUS
UND WEITER WEG

Hol dir von Gott ein Autogramm,
gewidmet Dalai Lamm

Außer Haus

Gern fahr ich aus freien Stücken
fort von mir, und zwar geschwind.
Manchmal pfeift in meinem Rücken
leise etwas Heimatwind.

Auf der Reise kann ich lüften
und die Fenster runter drehn,
leicht umweht von schweren Düften
derer, die im Vollstau stehn.

Doch die Gummiabriebschwaden
künden von Erlösung bald,
gleich entladen sich Blockaden
und verheißen Rast und Halt.

Sinnessatte Ruhestätte,
draußen brodelt der Verkehr,
in dir drin Fritteusenfette
und es odelt Sanifair.

Parfümiert, betankt und munter,
voll mit Super und Elan,
an der nächsten Ausfahrt runter,
von der Aromatenbahn.

Und mit welcher Eindrucksfülle
wechseln Landschaft und Gemüt,
wenn, wie jetzt, des Landmanns Gülle
mir durch meinen Zinken zieht.

Hab das Ziel noch nicht vor Augen,
als ich's schon im Munde schmeck.
So, als würd' ich lutschen, saugen,
an 'ner alten Schwarte Speck.

Ach, genau, hier war ich schonmal,
vor zwei Leben oder so,
oben dieser Mehrzweck-Festsaal,
Treppe runter dieses Klo.

Gern bin ich aus freien Stücken
außer Haus und außer mir.
Gleich hab ich den Wind im Rücken
und der pfeift mich weg von hier.

Zwei begrüßenswerte Seuchen

Nichts dringt ans Ohr.
Null akustischer Müll.
Kein Schwafel, kein Brüll.
Das stille Idyll.
Kam noch nirgends nicht vor,
meines Wissens nie.
Wär' aber mal höchste Zeit für diese Pandemie:
Weltweit keine einzige labernde Lippe
dank *Schweigegrippe*.

***

Weil man sich nur bekleidet vor ihr schützen kann,
hat jeder Pillemann eine Hose an.
Am Strand kein einziges unbedecktes Gemächt.
Sandsackzeckenseuche
fänd' ich nicht schlecht.

Berlin, Berlin, wir fahr'n nicht nach Berlin

Samstagmorgen, liebe Leute,
wird die Welt erst untergehn.
Ladenschluss ist drum nicht heute,
sondern Samstag, kurz vor zehn.

Akku-Schrauber, Tiefkühlente,
Flachbildschirme, Mon Chéri,
Pay-Back-Punkte, Riester-Rente,
Panzerfäuste, Tortenbrie.

Lasst euch bloß nicht kirre machen,
Samstag geht die Welt erst drauf.
Bis dahin gibt's alle Sachen,
gar kein Grund zum Panikkauf.

Lotto Müller lässt die Kassen
selbstverständlich auf! Applaus!
Nur der DFB muss passen,
das Pokalendspiel fällt aus.

Family-Day im Park

Die Supermarktkette lädt jährlich
zum Family-Day in den Park.
Der Eintritt ist frei und – mal ehrlich –
das Familienprogramm ist echt stark.

Die Families kommen in Haufen,
denn sie schätzen den Mega-Event,
der Park ist total überlaufen,
weil jeder das Angebot kennt.

Denn die große Supermarktkette
ist promotionmäßig auf zack.
Pro Familia gibt's eine Palette
Halbfett-Yoghurt mit Himbeergeschmack.

Mütter kämpfen als wie um ihr Leben
am Supermarkt-Family-Day,
manche sieht man zwei Einheiten heben,
von dem nahrhaften Give-Away.

Und es flattern die Fahnen im Winde
und es brodeln im Öl die Pommfritz
und es platzen die Plastik-Gebinde
und in Hüpfburgen kotzen die Kids.

Und die Sonne glänzt um die Wette
und sie legt sich wie Gold auf den Park

und die Grasnarben schmatzen im Fette,
denn die Masse tritt Yoghurt zu Quark.

Und sie hebt nun zum Himmel die Hände
und sie streckt sich und reckt sich und winkt
dem Erlöser zu, der sich am Ende
für die Supermarktkette verdingt.

Und Tränen fontänen aus Augen
und aus Nasen ergießt sich der Schnott
und die Rasen verenden in Laugen
und strahlend erscheint endlich Gott.

Und es ejakulieren die Geigen
zum Finale vom Family-Tag
und hymnisch beschließt diesen Reigen
die goldene Stimme aus Prag.

Einmal um die ganze Welt
und die Taschen voller Geld,
dass man keine Liebe und kein Glück versäumt.
Viele fremde Länder seh'n,
auf dem Mond spazieren geh'n,
davon hab' ich schon als kleiner Bub geträumt.

Mit Yoghurt-Paletten beschieden
spazieren, vom Mondlicht erhellt,
die Fam'lies nach Hause, zufrieden
mit Supermarkt, Gott und der Welt.

Aufschwung im Zoo

Im Zoo war's neulich wieder leer,
drum frühstückte der Brillenbär
bis mittags und ging hinterher
zwecks Augentest zum Optiker.

Das Warten in der Brillenschlange
dauerte ihm viel zu lange.
So geht der Tag doch in die Binsen,
beschloss der Bär und nahm dann Linsen.

Bei Rückkehr war er schwer pikiert.
Der Pfleger hatte umfirmiert.
Die Änderung missfiel ihm sehr,
sein Name sei jetzt Linsenbär.

Ein Prankenhieb, ein Wadenbiss,
so fand sich schnell ein Kompromiss.
Der Bär las stolz und unbebrillt
sein nagelneues Typenschild.

Der Zoo war seitdem nie mehr leer,
dank Erbsen-, Linsen-, Bohnenbär.
Das Publikum bestaunt die Zucht.
Lateinisch: Ursus Hülsenfrucht.

Anzeige

Betr.: ICE 847
Dortmund Hbf ab 10:48 h
Hannover Hbf an 12:28 h

Betrug, Betrug!
Das ist kein Zug!

Von wegen Zug!
Wie ich das seh,
seh ich seit zwölf Uhr zehn ein Reh.

Der Reihe nach.
Ich sah zunächst:
Das Reh kaut Klee, das heißt, es äst.

Im Anschluss bin ich weggedöst
und träumte, dass das Reh sich löst.

Um zwölf Uhr dreißig aufgeschreckt.
In Hamm entdeckt: Kein Traum! Es leckt
hygienehalber sich das Reh,
mir zugewandt, damit ich seh:

Betrug, Betrug!
Das ist kein Zug!

Das Reh bezeugt:
Du lügst, DB!
Das ist kein Zug! Das ist ein Steh!

Gezielt geben

Obwohl ich sie schon dreimal hab,
kauf ich ihm noch 'ne Zeitung ab.
Der Sitzende mit Stumpf statt Bein,
kriegt auch was in sein Töpfchen rein.

Der Säufer, der den Hund so pflegt,
bekommt es diskret hingelegt.
Ganz offen in die linke Hand
erhält's der blinde Simulant.

Dem Buckligen im Zirkus-Frack
fliegt Kleingeld in den Chapeau-Claque
und da er mich nicht missioniert,
wird auch der Heilsarmist dotiert.

Nach meiner Spender-Runde geh
ich schließlich noch ins Stadt-Café,
auf Cappuccino und Gebäck,
doch dann kommt der Gitarrenschreck!

Der böse Wanderklampfenmann
hebt lauthals mit »Azzurro« an.
Ich schrei zurück »Akkord ist Mord!«.
Er kontert vollrohr »My Sweet Lord«.

Ich hab den Quälgeist nicht bestellt
und gebe ihm mein letztes Geld.
Der Euro trifft ihn hart und gut,
erst fließt die Spende, dann fließt Blut.

Die Nervensäge nahm den Hut.
So kam es nicht mehr zu »Hey Jude«.

Welt online, 16. Februar 2009, 18:16 Uhr
Unfall im Atlantik
Die rätselhafte Kollision zweier Atom-U-Boote
Der Atlantik ist groß. Trotzdem stießen irgendwo auf offener See zwei Atom-U-Boote zusammen. Zahlreiche Fragen bleiben offen: Waren das britische und das französische Schiff an einem gemeinsamen Manöver beteiligt? Wie gefährlich war der Zwischenfall wirklich? Wie viele Atomsprengköpfe befanden sich: zum Zeitpunkt des Unfalls an Bord? Wo geschah der Unfall genau? Und schließlich die Hauptfrage: Wie kann es sein, dass die bis zu 150 Meter langen Stahlkolosse, die mit hochsensiblen Geräten ausgestattet sind, einfach so kollidieren wie Autos in einer zu engen Straße? Sind die modernen U-Boote zu leise für die Geräte zur Schallmessung? Ist die Technik auf beiden Seiten so ausgefeilt, dass sie sich gegenseitig neutralisiert? Die zuständigen Ministerien hüllen sich in Schweigen.

Fish and Ships

Es schleicht ein U-Boot durch die Nacht
mit halber Energie,
bewacht die Welt, ganz still und sacht
und denkt: »Mich hört man nie.

Und außerdem weiß ich genau,
dass mich auch niemand sieht,
mein Mäntelchen ist tarnkleidgrau,
damit mir nichts geschieht.«

So taucht das U-Boot als Phantom
durch Tiefen fremd und fern
und braucht es dafür etwas Strom,
dann spaltet es 'nen Kern.

Weil auch im Unterwasserreich
gedoppelt besser hält,
tut's ihm ein zweites U-Boot gleich,
bewacht und schützt die Welt.

Die beiden fahren unsichtbar
geräuschlos Seit an Seit,
doch keines nimmt das andre wahr,
denn keines weiß Bescheid,

dass sein Sonar es gar nicht misst,
wenn etwas existiert,
das voll und ganz identisch ist
und niemals registriert,

wenn nebenan ein Schattenboot
dieselben Wege nimmt,
wenn Blech an Blech Gevatter Tod
als Waffengatte schwimmt.

Nun fragt man sich, wie kommt es bloß,
weil's ja so kommen muss,
zum grässlichen Zusammenstoß,
zum schicksalhaften Schluss?

Ein Schicksalsfisch wird jetzt benannt,
wie man ihn selten sah,
ein Kabeljau, von mir gesandt,
ein Dorsch ex machina.

Der Kabeljau schwimmt nun dazu,
genervt von dem Verkehr,
macht hinten zweimal auf und zu
und scheißt aufs Militär.

Ein zarter Blasenblupp verlässt
mit leisem Knall den Darm,
der High-Tech-Sensor schlägt gestresst
den rotesten Alarm.

Die U-Boot-Reste liegen seit
dem Crash bis in die Ewigkeit
am friedlich stillen Meeresgrund,
erst rostend, dann korallenbunt.

Dazwischen liegt der Kabeljau
und liebt ganz still die Kabelfrau.

Große Ferien

Die deutsche Bio-Lehrerin
fährt gerne nach Madeira hin,
wo auch im Herbst Hibisken blühn
und Ochsenkarren Lehrer ziehn,
setzt sie sich, wenn der Ochse steht,
von früh bis spät vors Blumenbeet.

Gipfelstürmers bester Freund

Er fräste sich durch Fels und Firn,
die Sonne sich durch seine Stirn.
Er stand verbrannt in Gletscherglut,
in seinen Stiefeln stand das Blut.

Der Gliederschmerz beweist es sehr,
der Gipfelgang war lang und schwer.
Der Steig war steil, der Fuß ist krumm,
doch echte Helden stöhnen stumm.

Und ist die Hacke noch so wund,
kein Klagelaut verlässt den Mund.
Er ging zwölfhundert Höhenmeter,
sein letzter Gang ist ein diskreter.

In stiller Abgeschiedenheit
befreit er sich vom größten Leid.
Kein Mienenspiel verrät das Weh
beim Rückzug auf das Herrn-WC.

Des Gipfelstürmers Stolz ist nobel,
sein bester Freund der Hornhauthobel.

»Bis zur Grenze gefordert, können wir alle mehr, als wir wollen.«
Reinhold Messner

Reinhold Messner zum 65. Geburtstag
Affentanz im Gipfelglanz

In Nepals Bergen steht ein Zelt,
im Iso-Sack schnarcht unser Held.
Ein Sternschnupp bumms vom Himmel fällt,
direkt aufs Dach der Welt.

Der Sternschnupp rummst ins ewge Eis
und fängt sich prompt einen Verweis.
Herr Nanga Parbat flucht: Geschmeiß!
Du Arsch! Das war mein Steiß!

Frau Sonne hat den Krach gehört
und schrillt: Ich bin total verstört!
Das ist ja wirklich unerhört!
Ich geh jetzt auf! Empört!

Das war's dann mit Silentium,
in Nepal ist die Nacht nun rum.
Der Held, geweckt, erschreckt, fragt dumm:
Ein Zelt? Wieso? Warum?

Die Sonne knittelt: Wunderbar,
da ist ja unser Superstar,

kaum zu glauben, aber wahr,
der Reinhold wird heut fümmensechzig Jahr
in unserem schönen Himala …
… na ja, war 'n Versuch wert …

Heraus, Herr Jubilar, zackzack,
heraus aus Falle und aus Sack,
die Hose an und Anorak!
Zum Gipfel, altes Wrack!

Ob dieser Schärfe reagiert
uns Reinhold etwas indigniert:
Warum denn, fragt er affektiert,
wird mir nicht gratuliert?

Applaudiert wird prompt, sofort,
darauf hast du das Ehrenwort,
im Anschluss an den Weltrekord.
Wir wünschen großen Sport.

Bekraxel einen neuen Grat
und tu, was niemand vor dir tat.
Bespring den Parbat im Spagat,
spiel mit dem Yeti Skat.

Mach da oben laut Tamtam,
und schlag am Gipfelkreuz Bimbam,
hol dir von Gott ein Autogramm,
gewidmet Dalai Lamm.

Reinhold, das Geburtstagskind
sinnt nicht lange, springt geschwind,
gemsengleich mit Rückenwind,
Parbat denkt, der spinnt.

Da macht der Held im Gipfelglanz
einen wilden Affentanz
und schreit, man hört's noch auf Distanz:
Zu Hilfe! Ambulanz!

Frau Sonne hat ihr Licht zentriert,
das Leiden diagnostiziert,
gesehn, dass Messner unten friert,
und wärmetherapiert.

Ab morgen steht in den Annalen:
»Messner litt in Höhen Qualen
wie kein andrer der Rivalen,
stieg als Erster in Sandalen

auf Achttausend – ein Triumph
ohne Sinn und Strumpf.«

P.S.:
Im Himalaya-Massiv
stand Frau Sonne lange tief,
wollt und wollt nicht untergehn,
denn das Lied war doch so schön.

Selbst Herr Parbat fiel mit ein
und erweichte manchen Stein:
Happy birthday Reinhold M.
bleib' noch lange so plemplem …

KULTUR UND SPRACHE

Ambitionen? Weiter keine, außer einem reinem Reim

Jedem sein Fall

In Dortmund, Duisburg, Essen
gilt eingeschränkte Beugungspflicht.
Fälle gibt's, die gibt's da nicht,
die darfst du dort vergessen.

Du musst Derdiedas nicht stressen.
Das Geschlechtswort hat's bequem.
Wenn du Fragen hast, frag wem.
Frag nicht umständlich nach wessen.

Europäische Kulturhauptstadt 2010 Essen

Sonett 130
im Industrieraum

von
William Shakespeare, Stratford-upon-Avon

raus aus dem Englischen von
Dr. h.c. Fritz Pleitgen, Duisburch

Bilinguale Aufführung
im Weltkulturerbe »Zeche Zollverein«, Essen
Foyer der Strukturwandelhalle

mit
Kenneth Brannagh
Royal Academy of Dramatic Art, London
Peter Lohmeyer
Veltins-Arena, Schalke

***

My mistress' eyes are nothing like the sun.
Die Augen von meine Olle sind nich' so hell wie die Sonne ist.

Coral is far more red than her lips red.
'ne Koralle ist auch viel röter wie ihre Lippen sind.

If snow be white, why then her brests are dun.
Wenn Schnee weiß ist, sind ihre … äh … Dinger … aber höchstens so
weiß wie Schnee, der schon ziemlich lange inner Gegend rumliegt.
Also so, wie das aussieht, wenn die Stadtwerke schon gestreut haben.

If hairs be wires, black wires grow on her head.

Wenn Haare wie Draht sind, dann sind ihre aber wie Drahtseile,
da kannze 'n Elefanten dran aufhängen … und außerdem hat se
Schuppen. Da kannze 'n Moped reinstellen.

I have seen roses damask'd, red and white, but no
such roses see I in her cheeks.

Ich hab schon schöne weiße und rote Rosen gesehen. Doch nich' auf ihre
Backen. Nich' von Natur aus jedenfalls.

And in some perfumes is there more delight than in
the breath that from my mistress reeks.

Parfüm isses nicht, wo se außem Hals nach riecht.

I love to hear her speak, yet well I know that music
bath a far more pleasing sound.

Ich hör' lieber Musik als wenn sie was sacht.

I grant I never saw a goddess go – my mistress,
when she walks, treads on the ground.

Wenn sie geht, ist das nicht, wie wenn 'ne Göttin geht. Das geht auch
gar nich' mit ihre Beine. Ich sach ja immer: Stempel gehörn inne Grube.

And yet, by heaven, I think my love as rare, as any
she bely'd with false compare.

Und deswegen: Bevor ich meine Olle mit was Falsches vergleich,
vergleich ich sie lieber mit gar nix.

Nein, ich will nicht Grünbein sein

Himmel, Arsch und Wolkenzwirn!
Leistenbruch und Sackzement!
Kitt im Kopp und Harz im Hirn!
Gott, was bin ich schreibgehemmt!

Morgen steh' ich vor Gedicht.
Oben Richter, unten ich.
»hemmt/zement«? Ich glaub's ja nicht.
Den Prozess verliere ich.

Krutzdietürken! So ein Mist!
Zweimal »ich«, Karriere tot!
Reim identisch, Dichter frisst
lebenslänglich trocken Brot.

Grün- und Beinbruch, ach verdammt,
leck mich, dumme Schreibblockade.
Wenn es vorn und hinten klammt,
gibt's halt Durs und nicht Ballade.

An mir hängt das Bunzverdienzdings
mit nem Stern am Bammsel dran.
iPhone rechts und Bleistift links,
denn das Fölletong ruft an.

Michael Jackson tot? Nanu.
Ob bei mir Gedanken keimen?
Nö, dochdoch, ich schreib was zu,
Hauptsache, ich muss nicht reimen.

»Sueton wäre entzückt gewesen, Tacitus düster.
Fatale Zeitgenossenschaft: mit diesem einen
Gehn Jahrzehnte der eigenen Pantomime dahin.
*Arme Frau in der Via Condotti. Sie tut mir leid.«**

Römisch transpirierte Zeilen,
abgeliefert wie bestellt.
Dreiundranzig Langeweilen,
lyrum larum ZEIT ist Geld.

Pöt-Professor werd ich werden,
wie der Durs in Düsseldumm.
In Pariser Friedhofserden
dreht sich Heinrich Heine um.

Gibt zwei Reime hoch nach oben,
mir, der nun sein Reich verwest.
Leichengiftgetränktes Loben
neuer deutscher Dichtkunst, lest:

»Sie haben des Redners Haupt geschmückt
Mit einem Eichenkranze.
Er dankte stumm, und hochbeglückt
*Wedelt' er mit dem Schwanze.«***

Ich reichte ihm das Stück hinab:
Sorry, war nur schreibblockiert.
Fühlte mich kurz schwach und schlapp,
hab' mich wegimaginiert.

Kommt nicht wieder vor, Herr Heine,
Durs muss selber Grünbein bleim,
Ambitionen? Weiter keine,
außer einem reinem Reim.

* *Aus: Durs Grünbein: »Sphinx des Pop«, DIE ZEIT, 02.07.09*
** *Aus: Heinrich Heine: »Die Wahlesel«, H.H., Sämtl. Werke, Winkler*

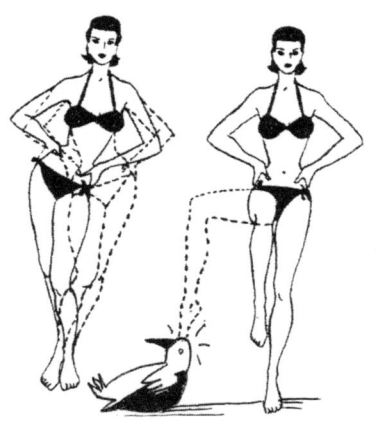

City-Tunnel Unna/Westfalen

Er reckt wie in Bremen der Roland
sich zehn Meter stolz in die Luft
und genau wie der Würzburger Schlossbau
mufft er bei Tiefdruck nach Gruft.

Er ist so porös wie der Limes
des obergermanischen Roms
und genauso von Tauben beschissen
wie die Zinnen des Kölner Doms.

Er ist wie das Stadttor der Trierer
sehr schwärzlichen Kolorits,
drum nennt man ihn auch »Porta Nigra
des östlichen Ruhrgebiets«.

Für den Innenstadt-Händlerring Unna
ist er die Benchmark schlechthin:
»Ganztätig autofrei Shoppen?
Dank City-Tunnel haut's hin!«

Sehr verehrte, geschätzte UNESCO,
der Antrag sei hiermit gestellt,
anerkenne die Stadtunterführung
von Unna als Erbe der Welt!

Unterstützt wird dieses Ersuchen
vom »Ausschuss Kultur, Frauen, Sport«
sowie den potenten Sponsoren
»Saturn«, »H&M«, »Aldi-Nord«.

Im Kabarett
Eine Rezension

Im Rahmen des Vertretbaren
sämtliche dem Publikum bereits
bekannten Namen genannt!
So gesehen also keine Verwandten gekannt!

Viel, sehr viel
Wortspiel.

Dann brach er ein Tabu.
Es hatte etwas Goût.

Zufriedene Kunden!
Finger in Wunden
gelegt!
Auch Salz
gestreut!
Saal rrrichtich
außer sich.
Hoch soll er leben.
Zugabe gegeben.

Jeder kriegte sein Fett!
Im Kabarett war's wieder recht …

Helbst

Hauchte nicht Geheimrat G.,
zwischen Faust, Part One and Two,
irgendwas mit »Loch im Schuh /
bald spürst du den Herbst im Zeh«?

Herbstgedichte, ungezählte,
meines Wissens maxte Frisch
täglich Dutzende vom Tisch,
wenn ihn der Oktober quälte.

Poesie, im Herbst vernichtet,
im November rumpelt's rum,
rumms, da fiel die Mauer um,
von Bumms Biermann hingedichtet.

Herbst, verursachst manchen Riemen,
wenn der Storch nach Süden flieht,
wenn es Grass im Zipfel zieht,
güntert's grässlich im Intimen.

Allerdings gibt es auch gute,
manche lesen sich von selbst,
dieses hier von Jandl: »Helbst /
Brättel, Neber, Ute, Schnute.«

Fernfahrerteller BAB-Raststätte Katzenfurt (9,00 €)

Es muss ihn auch weiterhin geben,
sein Hingang, UNESCO, wär tragisch, fatal!
Befördere ihn, erhalt ihn am Leben,
lass ihn nicht vergehen, er ist nicht egal

wie beispielsweise die Gegend, das Dings,
das Bumms, das hachgott, nun sag doch mal,
das wenn man von Norden kommt ziemlich weit links,
das, wart mal, jetzt hab ich's: Das Elbetal.

Dagegen ist er Heritage at its best,
ein Kunstwerk, frittiert wie von Gott für kein Geld,
ein Segen, ein Trost, ja, ein himmlisches Fest,
eintausendmillionenmal freudig bestellt.

Der Fernfahrerteller für neun Euro glatt,
von der BAB-Raststätte Katzenfurt-Süd,
das panierte Gebirge aus Kraftfutter satt,
mit allem, was gut ist für Leib und Gemüt.

Drei Schnitzel, zwei Steaks, von vier Würsten bewacht
und von speckig gebratenen Eiern flankiert,
von ganzflächig deckenden Pommes bedacht
und auf LKW-Radkappenplatte serviert.

Doch jetzt ist er von den Banausen bedroht,
von Diätassistenten verspottet, geschmäht,
es blüht ihm der BAB-Raststättentod,
es sei denn, UNESCO, in Katzenfurt weht

in Bälde die Flagge der Weltkultur
und beschützt das historische Fernfahrgericht,
für das auch schon ich oft nach Katzenfurt fuhr,
um allen zu zeigen: Ich zeige Gesicht!

Es muss ihn auch weiterhin geben,
alles andere wäre doch Rastphemie.
Befördere ihn, erhalt ihn am Leben,
sein Ende, UNESCO, verdaute ich nie.

Wurmkur

Ich sank vor den Altar
und fragte in mich rein,
wie ich den Wurm entfern
aus Jesus' rechtem Bein.

Ich hab's nicht amputiert,
mit Säge oder Flex,
ich habe es kuriert
mit »Obis-Holzwurm-Ex«.

Der Herrgottschnitzer formte Dich
aus hartem deutschen Holz.
Du warst des Riemenschneiders Til
großer Schnitzerstolz.

Noch Ewigkeiten hältst Du Dich,
gefeit gen Stock und Sturm,
komplett wie Dich der Künstler schuf,
denn in Dir starb der Wurm.

Polonaise, Pütt & Bütt

Wenn zwischen Gruga-Park und Messen
Menschen sich enthemmt vergessen
Alko-Poppen, Speedys fressen
In die Grünanlagen nässen
Wenns vorne drückt und hinten zieht
Dann zieht ein Fest durchs Ruhrgebiet
Wenn irgendetwas gar nicht geht
Dann isses: Essen, Love-Parade.

Tätä

Wenn jungverstrahlte Komatisten
Fastnacht-Tekkno-Aktivisten
Die in Parkanlagen pissten
Als Jeckenvolk auf Jeckenkisten
Sich betäubt dem Jetzt entzieht
Dann zieht ein Fest durchs Ruhrgebiet
Wenn irgendetwas gar nicht geht
Dann isses: Essen, Love-Parade.

Tätä

Wenn hinterm LKW-Gerüste
Bloße Schwengel, nackte Brüste
Abgeschleckte, Nassgeküsste
Andres wecken als Gelüste

Dass man schreien möchte: Flieht!
Dann zieht ein Fest durchs Ruhrgebiet
Wenn irgendetwas gar nicht geht
Dann isses: Essen, Love-Parade.

Tätä

Essen wurd ganz unbestritten
Kulturhauptstadt mit Herz und Fritten
Ist jetzt Stadt der Hip-Hop-Titten
Wen soll man um Gnade bitten?
Sieht denn keiner, was geschieht?
Es zieht ein Fest durchs Ruhrgebiet
Wenn irgendetwas gar nicht geht
Dann isses: Essen, Love-Parade.

Tätä

Und bald, so steht es schon geschrieben
Wird anderswo die Sau getrieben
Das nächste Dorf, dieselben Tierchen
Dortmund, Bochum, Gelsenkirchen
Helau, Alaaf, wems Recht geschieht
Es zieht ein Fest durchs Ruhrgebiet
Das bald woran zugrunde geht?
An Pisse, Pest und Love-Parade.

Tätä Tätä Tätä

sms an alle

hab jetzt suppabillig flätträt
kann jetzt sprechen ganzen tach
hab auch völlig flätten breitschirm
fast zwei meter total flach

is echt günstig kann ich sprechen
und kann kucken total breit
is total und suppabillig
ganz egal um welche Zeit

is total egal was kuck ich
und wieso und was ich sach
is schön breit und alles weißt du
weil is alles total flach

Balladenkrampf in Weimar

Fritze Schiller trinkt wieder.
Da öffnet sich geschwind
die zweite Hand.
Daraus rinnt
mit schwarzer Tinte
ein Satz hervor.
»Wie der die Zeile wohl fand? Nee: Find'?«,
brüllt er laut.
Schlägt den Takt mit dem Kiel:
»Er hasst meinen Stil!«
Und blähet die Lunge
und strecket die Zunge
ins Weinglas hinein.
Ersäuft er den Neid?
Schiller, jetzt schon voll breit,
sticht die Feder ins Blatt wie ein Messer:
»Da kannste nix machen.
Das Frankfurter Würstchen ist einfach besser.«

SPEISEN UND GETRÄNKE

Bete brav zu Manitou und nimm bitte etwas zu

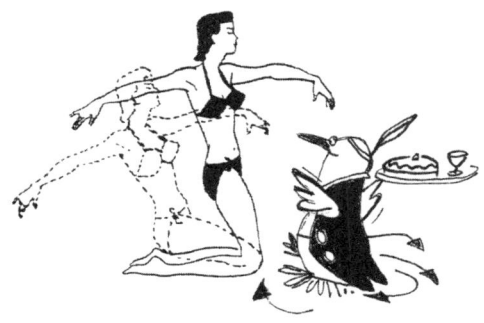

Erste Herbsthilfe à la bourguignon*

Wenn es novembert im Gemüt,
wenn gar nichts funkelt, glimmt und glüht,
wenn dir kein heller Ton gelingt,
wenn kaum noch Weiß ins Graue dringt,

dann schreib nicht noch ein Herbstgedicht.
Du weißt es doch, die leuchten nicht.
Die alten stapeln sich wie Laub
und fangen schon seit Jahren Staub.

Mach besser Feuer auf dem Herd,
dass Wärme in den Bräter fährt.
Hol zügig etwas Gutes ein,
besorge Wein und Rinderbein.

Bei angenehmen hundert Grad,
im speckigen Burgunderbad,
darf es sich rekeln mit Schalott
in stundenlangem Schmurgelpott.

Wenn es novembert im Gemüt,
wenn nichts mehr funkelt, glimmt und glüht,
dann hilft kein Gott und kein Gedicht,
dann hilft dir nur ein Schmorgericht.

*und ist es à la bourguignon
vergiss bloß nicht den Champignon!

Still ruhe der Koma-See

All die totgekochten Fische,
unter Soßensenf versteckt,
sollen nie mehr auf die Tische,
sei'n in Ewigkeit verreckt.

Schlafen müssen die Gerüche,
ruhen die Erinnerung
an die Kindertageküche,
in der Altersdämmerung.

Windelschiss von Matschbananen,
Apfel- und Kartoffelbrei,
wecke nicht die bösen Ahnen,
lass die Monster nie mehr frei.

Tief im Dunkel meiner Rübe
dümpelt still der Koma-See,
ganz weit unten gründeln trübe
Lebertran und Fencheltee.

Rosinante – eine große Karriere

Unter seidenmattem Pony
eine mehr als noble Blesse,
rauhreifweiß auf Mahagony,
konturiert von feiner Tresse.

Rosinante war ihr Name,
Rosi wurde sie gerufen,
galt schon früh als große Dame,
als Vollendung auf vier Hufen.

Rosi trotzte Hindernissen
mit fast schwereloser Würde.
Alle Welt war hingerissen,
niemals jedoch eine Hürde.

Ließ auch jene triumphieren,
die sie stümperhaft bestiegen.
Trug auf allen Weltturnieren
jede Reiterlast zu Siegen.

Selbstverständlich ungeschlagen
ging die Stutenprominente
jetzt, vor gradmal vierzehn Tagen,
in die Promi-Stuten-Rente.

Wie in Sportkarrieren üblich,
fand die plötzlich Altgestellte
dieses Dasein sehr betrüblich
und ging ein an Seelenkälte.

Rosi, dies zum Trost all jenen,
die seither den Schlaf nicht fanden,
trocknet eure Trauertränen,
Rosi ist heut auferstanden!

Auferstanden aus Rosinen,
als? Na was, habt ihr's erraten?
In den rheinischen Kantinen,
als? Genau: als Sauerbraten.

Beim Arzt

Wenn die süßen Sahnen wehen,
wenn die Hefen zweimal gehen,
wenn die Apfelkuchenfahnen
flattern in den Riechorganen,
wenn die Messgeräte messen,
weil die Zuckerspiegel stressen,
wenn Vanillewolken ziehn,
ziehe ich das Insulin.

Subkutan, Herr Doktor, geht es,
mit dem doofen Diabetes.

Chez Benedict
Eine Restaurantkritik

Moden kommen, Moden gehen,
Chi-Chi, Kitsch und falscher Schein.
Dort, wo neue Winde wehen,
zieht zu oft der Zeitgeist ein.

Gut, dass es die Häuser gibt,
die noch alte Sitten pflegen,
die nicht, weil ins Geld verliebt,
sich aufs Flüchtige verlegen.

In Sankt Peter, seit Epochen,
wird dem Kunden garantiert:
Traditionsbewusstes Kochen,
Hausmannskost, nicht variiert!

Wechselt auch der Chef der Küche,
bleiben die Rezepte schlicht:
Niemals wechseln die Gerüche,
Gott erhalt das Stammgericht.

Klassisch, einfach, unbehandelt,
Dreiklang, elegant, frugal.
Trocken Brot in Fleisch verwandelt,
wunderbares Abendmahl.

Maître Benedict, der Gute,
ist's zufrieden, nippt am Blute.
Köstlich ist der Leib des Herrn,
die Kritik verleiht 'nen Stern.

Endreimredaktionssitzung im Wigwam des Häuptlings Eigener Herd

Häuptling Klink zu Krieger Droste:
Du schreibst fertig und ich koste
derweil von dem warmen Speck!
Rühre dich hier nicht vom Fleck,
eh die Story druckreif ist!
Wehe, die wird wieder Mist!

Droste daraufhin zum Klink:
Mit Verlaub, Chef, das ist link
und bricht voll das Menschenrecht.
Ich soll ackern wie ein Knecht,
während Häuptling Feudalist
dicker wird und Bauchspeck isst.

Ich dagegen, Haut und Knochen,
Schreibersklave seit Epochen,
leergedichtet, ausgezehrt,
mangel-, unter-, fehlernährt.
Früher kraftvoll talentiert,
heute saftlos dehydriert.

Klink kämmt seinen Federschmuck
und erwidert: Du brauchst Druck!
Hunger fördert Phantasie,
Kalorie die Apathie!
Geist entfacht nur wahrer Schmacht!
Redaktionsschluss: Mitternacht!

Wirst du jetzt wohl weiterschreiben!
Oder soll ich dich entleiben?!
Wird der Häuptling richtig böse,
brutzelst du in der Fritteuse!
Bis die Glocke zwölfmal läutet,
wirst du weiter ausgebeutet!

Droste, nur noch ein Gerippe,
fügt sich matt: Na gut, ich tippe,
während ich am Nagel nage,
meine Sättigungsbeilage.
Häuptling, reichen fünfzehn Seiten?
Klink: Na schön. Aber beizeiten!

Schlag zwölf Uhr war es vollbracht,
wurd der Teller vollgemacht,
sprach der Häuptling: Krieger Droste,
fein geschrieben und nun koste –
siehst ja aus zum Gotterbarmen –
von dem guten Speck, dem warmen.

Bete brav zu Manitou
und nimm bitte etwas zu.

GEMEIN UND WESEN

So geht Politik der Mitte:
Butter, Mettwurst und Glück auf!

Letzte Worte des letzten Vorsitzenden

Kurze große letzte Sätze
haben nur die Größten drauf.
Müntes endeten, ich petze,
samt und sonders mit »Glück auf!«.

Beispielsweise: »Klare Kante,
Politik ist Dauerlauf,
Nahles ist ne dumme Tante,
Hosenanzug voll, Glück auf!«

Oder aber: »Auf die Schnitte
muss auch ordentlich was drauf.
So geht Politik der Mitte,
Butter, Mettwurst und Glück auf!«

Schön auch: »Mutti war die Beste,
holte mir im Schlussverkauf,
roten Schal und weiße Weste,
trag ich heute noch, Glück auf!«

Schließlich: »SPD im Keller
keiner holt sie nochmal rauf.
Nach mir wird's nie wieder heller,
leckt mich doch am Arsch, Glück auf!«

» (…) die Rumänen (…) kommen und gehen wann sie wollen und
wissen nicht, was sie tun.«
Jürgen Rüttgers im Bundestagswahlkampf 2009
»Und wenn es sein muss, dann treffen wir noch irgendwelche Chinesen
(…) und wenn die dann nicht endlich in Duisburg investieren wollen,
dann werden die auch noch gewürgt – so lange bis sie Duisburg schön
finden.«
Jürgen Rüttgers im Kommunalwahlkampf 2009

Würgen R.

Rüttgers, der Rächer, richtete Viele,
das ist ja historisch belegt.
Für den NOKIA-Standort Nordrhein-Westfalen
hat er vier Finnen zersägt.

Als Rächer der Bochumer Opel-Belegschaft
hat Rüttgers kein Blutbad gescheut.
Er skalpierte nach landestypischer Sitte
den General Motors, Detroit.

Es klappern die faulen Rumänen mit Zähnen,
weil Rüttgers sie kompostiert,
wenn wegen denen ein knackfrischer Deutscher
sein Arbeitsplätzchen verliert.

Rüttgers, der Rächer, richtete Viele,
das ist auch in Peking bekannt,
aus Angst vor dem Jürgen wird Rüttgers dort nur noch
Würgen Rüttgers genannt.

Jetzt singen Milliarden Chinesen in Chören:
»Duisburg, du Schöne am Rhein,
bei Mao, wir schwören, schöner als Duisburg
kann nirgendwo irgendwas sein.«

Hartmut M.: Kleiner Mann ganz groß

Wo kleine Männer gerne stehn,
da steht auch dieser Mann,
weil er von oben runtersehn
und größer wirken kann.

Der kleine Mann muss weiterziehn,
die Arbeit ist getan,
hier in der Hauptstadt, in Berlin,
im Hauptquartier der Bahn.

Hier stinkt's nicht mehr nach AWO-Fraß,
nach armer Leute Dreck,
hier müffelt es nach Business-Class,
bekocht von Biolek.

Die Deutsche Bahn, einst ruiniert,
erblüht in neuer Pracht,
von Hartmut M. privatisiert,
auf Börsenglanz gebracht.

Der hohe Absatz seines Schuhs
erhebt ihn noch ein Stück.
Aus dünner Luft ein letzter Gruß:
Adieu DB, viel Glück.

Man rief ihn fort zu neuer Tat,
die alte war getan,
er rettet bald, weil man ihn bat,
die Märklin-Eisenbahn.

Wo kleine Männer gerne stehn,
da steht nun dieser Mann,
weil er hier prima runtersehn
und größer wirken kann.

Die Bank war schlecht

Die Bad-Bank ist nicht gut zurecht,
das Derivat rumort in ihr.
Ihr ist's zum Kotzen, übel, schlecht!
Die Bad-Bank leidet wie ein Tier.

Sie fiebert, röchelt, stöhnt, vibriert,
geschüttelt von der Infektion,
gleich wird der Zinsfuß amputiert,
der Schnitter wetzt die Sense schon.

Entwichen aller Lebensmut,
kaum hörbar ist der Atem noch,
das invalide Institut
pfeift leise aus dem letzten Loch.

Was ist das? Alter Fischsalat?
Welch ekelhafter Leichengoût!
Das ist das schlechte Derivat!
Der Letzte macht das Schließfach zu!

Die Bad-Bank geht ganz einsam ein,
weil sie so hundserbärmlich stinkt.
Kein Priester, kein Gesangsverein,
kein Schnaps, den man noch auf sie trinkt.

Kein Grab, kein Kranz, kein Gottesgruß,
noch nichtmal Vorstandspack im Frack.
Ein leises *Ratsch* vom Reißverschluß,
dann liegt die Bad-Bank kalt im Sack.

Die Hoffnung starb in Kaiserslautern

Siehst du die VIPs dort in den Schalensitzen sitzen?
Siehst du die Lücke auch, die niemals man da sah?
Dort transpirierte seinerzeit durch Lüftungs-Ritzen
Kurt Beck, der allergrößte Fan des FCK.

Kurt Beck ist weg wie seine rote Teufelsmütze,
so wie sein roter Schal, sein lauternes Olé.
Im leeren Plastikstuhl verdunstet eine Pfütze,
geschwitzt vom einstmals ersten Mann der SPD.

Ein kleiner Salzrand ist vom Betzenbeck geblieben
und überm Stadionrund ein Wölkchen rosa Dampf.
Der Vorstandssprecher meldet *Kurt ist krankgeschrieben,*
in Wahrheit war es jedoch Flucht im Abstiegskampf.

Der alte Platzwart zieht gemächlich seine Kreise
und sorgt dafür, dass alles Unkraut doch verdirbt.
Sein Liedchen hört man kaum, er singt es still und leise:
Die Hoffnung stirbt zuletzt – aber sie stirbt.

Schweineg R.I.P. pe

Ein süßes kleines Ferkelvieh
war Auslöser der Pandemie.
Drum wurd' es in der Virusschlacht
als Hauptaggressor umgebracht.

H Eins N Eins Zweitausendneun
besiegt, doch statt sich nun zu freun,
hat alle Welt nur aufgeheult,
denn Schweinchen Babe wurde gekeult.

Es herrschte eine Höllenwut
von Mexiko bis Hollywood.
In London, selbst in Lüdenscheid,
nur Trauer und Betroffenheit.

Da sprach in Köln der Kardinal:
Das Ferkel ist uns nicht egal,
sein Opfer war nicht für die Katz.
Wir stiften einen Ehrenplatz!

Wir machen in Colonia,
gleich neben Kaspar, Balthasar
und Melchior, den weisen Drei,
im Dom noch 'ne Schatulle frei.

Zum Andenken an Babe und Grippe
werden Bein und hohe Rippe
ausgelöst und blankpoliert,
für Köln-Touristen präsentiert.

Millionen pilgern nun zum Rhein
und beten am Reliquienschwein.

FEIERTAGE

Wenn es tuscht, tätät und schreit,
dann ist fünfte Jahreszeit

WEIHNACHTSMANN

Akrostichon-Sonett zugunsten
des unbekannten Investmentbankers

Weihnachtswermut würgend in der Kehle,
Erbrochenes am Kinn und auf dem Schuh.
Investmentbanker, suchst du deine Seele?
Hoffnungslos, das Institut hat zu.

Nicht ein Köter schenkt dir seine Flöhe,
Armut steht dir nicht, dir stand nur Geld.
Christen huldigen dem Herrn der Höhe,
Heucheln Mitleid, spenden Brot der Welt.

Trost erhalten heute nur die Armen.
Schau in deinen leeren Bettelhut,
Mann in Lumpen, keiner hat Erbarmen,

Alles, was du schnorren kannst, ist Wut.
Null Prozent von Nichts in leeren Händen,
Nicht mal Neider, schlimmer kann's nicht enden.

Rauchverbot im Stall zu B.

Partystimmung? Mucke? Tanz?
Das kann man so nicht sagen.
Der Esel zittert mit dem Schwanz
weil ihn die Fliegen plagen.

Der Ochse pennt im Stehen ein,
den Huf im eignen Fladen.
Die Hose könnt nicht töter sein.
War keiner eingeladen?

Nur Mia, die grad niederkam
mit HEinz, dem Stammeshalter.
Doch wo ist Jupp, der Bräutigam
und wo sind Kurt und Walter?

Die stehen frierend draußen rum,
mit Königspils und Kippe.
Das Rauchverbot im Stall ist dumm.
Null Stimmung an der Krippe.

Wenn die andern feiern

Büttenrede

Wenn die Weiber ihre Schnüsschen
Spitzen tausendfach zum Küsschen
Hinterlader mit »achgöttchen«
Ihre Pos zum Stippeföttchen
Gegenseitig präsentieren
Jecke Massen in den Gassen
Trübes Kölnisch Wasser lassen
An den Dom ohne zu frieren
Unverfroren urinieren
Narren durch die Straßen wogen
Kappen voll mit weichen Drogen
Sich mit öffentlichem Segen
Fröhlich offen übergeben
Im Verein und voll verwaltet
Gleichgesinnt und gleichgeschaltet
Sich befingern und bedrängen
Untermalt von Höhnerklängen
Von Geschmack und Geist verlassen
An und in die Körper fassen
Wenn es tuscht, tätät und schreit
Dann ist fünfte Jahreszeit

Das Rheinland spricht von tollen Tagen
Wenn die Witze Trauer tragen

Geburtstagschor der Gezeichneten

F.W. Bernstein zum Sippzichsten

Amsel, Drossel, Fink und – *pock*
Hallo! Hey! Wer stört denn da?
Alles achtet auf den Stock!
Und auf »Vier« geht's los: Tata!

Spitz und Spatz und Katz und – *tack*
Herrschaften! Ich bin's gleich leid!
Wer nicht spurt, fliegt raus! Zackzack!
Wachtel, mach' Dich nicht so breit!

Huhn und Habicht, Elch und – *klopp*
Einmal noch! Ich sag's Euch, dann
setzt es Hiebe an den Kopp!
Nacktes Schaf zieht sich was an!

Hirsch und Hase, Esel – *knack*
Rote Karte für den Specht!
Schaf sieht spitze aus im Frack!
Ruhe bitte! So ist's recht.

One, two, three, four:

F.W. Bernstein über alles!
Über alles! Ist das klar!
Über Dir war keinesfalles
einer, der je drüber war!

Blüh im Glanze Deines Witzes.
Zeichne weiter Strich um Strich.
Dichte einfach nochmal sippzich.
Fritz an Fritz: Ich bitte Dich!

Guter Vorsatz

Ich hab mir nen Vorsatz vorgenommen:
Ich bin im neuen Jahr ehrlich!
Ich sag aller Welt, was ich von ihr halt,
ich bin ja schon alt und entbehrlich.

Ich schwöre, ab jetzt nur die Wahrheit zu sagen.
Schonungslos! Knallhart! Brutal!
Freundschaften leiden? Ehen verscheiden?
Da kann man nix machen – egal.

Lieber geh ich als einsames Ekel,
als böser, doch aufrechter Mann.
Und außerdem hab ich mir vorgenommen:
Ich fang wieder 's Rauchen an.

Jahresabschlussbilanz

Habe hundert Stück Gedichte –
oder waren's hundertsieben? –
fang nochmal zu zählen an,
tja, wo sind sie denn geblieben?

Zwanzig, weiß ich, sind auf Reisen,
um mal etwas Luft zu schnappen.
Zwanzig stürzten in die Nordsee,
um sich heimlich zu verklappen.

Fünfunddreißig, frisch vom Reimberg,
müssen kühl und dunkel reifen.
Brauchen auch noch ein, zwei Jährchen,
dann werd ich sie wohl begreifen.

Dreizehn schafften es in Jenseits,
schrieben dreizehn Ansichtskarten.
Elf von Wolke eins bis sieben,
zwei von unten: »Fritz wir warten!«

Zwölf Gedichte fiel'n im Kampfe,
ich hör sie noch Treue schwören:
»Dir gilt unser kurzes Leben,
nicht den dummen Redakteuren.«

Das war'n hundert, fehl'n noch sieben,
sechs sind, weiß nicht wo, sind futsch,
eins ließ ich bis heute liegen:
Das war dieses. Guten Rutsch!

SPORTANGEBOTE

Den Sprinter schien ein Jet zu ziehn,
im Stadion roch's nach Kerosin

Sportler nicht essen

Den Sprinter schien ein Jet zu ziehn,
er schoss raketengleich ins Ziel.
Ein Monoblock aus Protein,
ein Triebwerk mit Humanprofil.
Im Stadion roch's nach Kerosin.

Der Radler war zum Piz geflitzt,
geräuschlos, wie's der Adler tut.
Ganz federleicht und ungeschwitzt,
mit Auftriebsadditiv gespritzt
ins frisch pürierte Eigenblut.

Der Schwimmer schwamm im Butterfly
so schnell wie niemand je zuvor,
mit Schwimmerhaut, geklont aus Hai,
und auch die Schwimmer-Innerei
kam maßgefertigt vom Labor.

Nach Hymnen, Gold und Schlussapplaus
kam selbstverständlich alles raus.
Die Pipi-Tests bewiesen klar,
dass kein Rekord natürlich war.

Die Presse machte auf Skandal,
das Komitee auf voll brutal.
Die Siege wurden aberkannt,
die Sieger lebenslang verbannt!

Das Publikum hat abgeklärt
die Stars auch weiterhin verehrt:
Es ist uns wurscht, hört auf zu messen,
wir woll'n die Doper ja nicht essen.

P.S.:
… und auch nicht das Pferd
von Isabell Werth

Dem unbekannten ZDF-Skireporter

In alpinen Sprechkabinen,
im Container-Sarkophag,
musst du dir dein Geld verdienen,
jeden kalten Wintertag.

Nase voll von der Gefährtin,
die schon ewig bei dir sitzt,
jener Abfahrtslaufexpertin,
die so in den Achseln schwitzt.

Schaust durch blinde Plexischeiben
Schatten, grau auf grauem Grund,
Latten, die vorübertreiben
in Sekunden, Stund um Stund.

Wund der Mund vom Emittieren
heißer Luft ins Mikrofon,
rauh der Schlund von zuviel Bieren
zwischen Kitz und Montafon.

Doch du musst dich weiterschinden
in der transportablen Gruft,
atemlos die Wörter finden
in zu dünner Höhenluft.

Lästig, dieses Lungenkratzen,
eklig, dieser Speichelfluss,
bloß nicht stottern, bloß nicht schmatzen,
sag was! Irgendeinen Stuss!

Irgendwas zu Bode Miller,
den die Kamera schon zeigt,
neben dir riecht's immer stiller,
die Expertin schwitzt und schweigt.

Panik, Angst und kein Gedanke,
der den Mund mit Silben füllt,
stickum sitzt du im Gestanke,
nichts, das in die Leere brüllt.

Nein, du wirst es nicht vergeigen,
weil du es noch immer kannst!
Ja, du wirst noch einmal zeigen,
dass du mit den Wörtern tanzt

wie der Miller mit den Muckis
über Pulver, Eis und Firn,
mit den letzten Rucki-Zuckis
dieser Masse namens Hirn

bringst du's nochmal zur Vollendung,
Hundertstel vor Ziel und Schluss,
kurz vor Ende deiner Sendung,
hast du nochmal Worterguss.

Lob und Preis und Ehrenplatz
dir gebührt für diesen Satz,
versendet aus den Dolomiten,
weltweit via Satelliten:

»Bode Miller hat die Muckis,
um den Eisplatten die Stirn zu bieten!«

Mehr Tore, mehr netto

live aus der AWD-Arena,
der Wettkampfstätte von Hannover 96

1. Spieltag
Der Torwart geht zum Kreidestrich.
Der Kopf gesenkt. Konzentration.
Begrüßt vom Chor der Südtribüne:
Arschloch, Wichser, Hurensohn.

2. Spieltag
Der Feldreporter trägt heut schwarz
und zeigt auch stimmlich Emotion.
Der Torwart geht nicht mehr aufs Grüne,
but you will never walk alone.

3. Spieltag
Mehr netto! brüllt die Stadionbank,
die Südtribüne freut sich schon.
Ein neuer Torwart auf der Bühne?
Arschloch, Wichser, Hurensohn.

Mit den Augen einer Frau:
Cristiano Ronaldo

Stellst dich gerne nach den Spielen
obenrum entblößt zur Schau.
Wirst bewundert von sehr vielen,
nicht jedoch von meiner Frau.

Gäbst zu oft, gefällt von linden
Lüften, einen Schmerzensmann.
Schwanentanz mit Freistoßschinden,
kam bei meiner Frau nicht an.

Sie ist eine von den Frauen,
die nicht so oft Fußball kuckt
und auf so gezupfte Brauen
wie bei dir nun gar nicht zuckt.

Zuviel Täuschen, zuviel Tarnen,
sagt die Frau, die dich jetzt sah,
zuviel Dolce & Gabbarnen,
etwas mehr von C&A

stünde dir mit den Talenten
sehr viel besser zu Gesicht.
Spieler, die zu häufig flennten,
meint sie, säh' sie lieber nicht.

Unterhalb von Bielefeld (Saison 07/08)

Als Anhänger von Bielefeld
wüsste ich, das Mittelfeld
ist das höchste der Gefühle.
Auf Platz zehn im Almgestühle,
nicht ganz unten, nicht ganz oben,
fühlt' ich mich gut aufgehoben.

Doch das bin ich leider nich,
auch nicht Bochum, Meiderich,
schonmal gar nicht Rot-Weiß Essen.
Hab mein Leben lang gesessen
nicht bei jenen, sondern hier –
(Quatsch, doch nicht bei Esnullvier!
Dann schon lieber im Gefängnis!!!)
Mein Verhängnis seit Empfängnis,
seit Entbindung, ist die Bindung,
ist das Zwangsverhaftetsein
mit 'nem anderen Verein.

Fragst du mich »Na komm, wie heißt er?«,
sag ich »Mehrfach Deutscher Meister,
Champions-League« und dann final
sag ich »Ach – und Weltpokal.«

Fragst du mich, wie's mir gefällt
unterhalb von Bielefeld,
sag ich nicht »Ach ja, es muss ja«,
ich bin Fan des BV Brussia.
War mal Chef im Fußball-Staat,
bin jetzt Liga-Prekariat.

Bitte weiterbeißen, Oliver Kahn

Hast den Strafraum nie beherrscht,
unterliefst so viele Flanken.
Wo ein Torwart Hände hat,
hattest du nur Kraftraum-Pranken.

Hast die Bälle nur geboxt,
nie gepflückt wie Sepp-Depp Maier.
Wo bei dem Talente warn,
warn bei dir nur dicke Eier.

Wo ein Keeper Auge hat,
hattest du nur Halsschlagader,
blutwurstprall von Schopf bis Schuh.
Und dazwischen Muskelkader.

Wer wird folgen, wenn du gehst?
Wer gibt auf dem Platz das Fiese?
Epigonen, Parodien:
Weidenfeller und Tim Wiese.

Hast gespuckt, geschrien, gekräht,
hast vor Wut dich hingeschmissen,
hast mit Zähnen aus Titan
Gegnern in das Ohr gebissen.

Glotzen ist ja Wiedersehn.
Neben Kerner wirst du stehn!
Machs im Fernsehn wie im Tor:
beiß Johannes B. ins Ohr.

Nachtrag 2009:
Aber bitte nicht ins Bein
von Katrin Müller-Hohenstein.

Den verspielten Deutschen Frauen zum WM-Gewinn

Wieviel schöner, Deutsche Frauen,
wart Ihr im finalen Spiel!
Nicht den Männern zuzuschauen,
sondern Euch, das gab uns viel!

Eifertet nicht mit den Kerlen,
waret weiche Eleganz.
Nicht wie Austern, wart wie Perlen,
schimmernd, schillernd, voller Glanz.

Sandra, Saskia und Simone,
Silke, Sonja und Babett,
Dank gebührt Euch, dass Ihr ohne
Häme im Triumph bliebt nett.

Nicht vom Stamm der Kraft & Meier
wart Ihr, Deutsche Fraumannschaft,
wart nicht dicker Hals und Eier,
wart verspielte Leidenschaft.

Ohne Fäuste und Gebisse,
Kerstin, Linda und Nadine,
ohne Hirn- und andre Risse
freutet Ihr Euch feminin.

Sofft nicht aus der Torwartmütze,
trankt aus Kelchen, Birgit, Anja.
Rocht nicht schal wie Bierhoffpfütze,
sondern dufte wie Schampanja.

Zur Entstehung dieses Buches

Im Januar war ich sehr arm,
drum rief ich bei Frau Antje an.
Frau Antje riet: Schreib doch den »Schwarm«!
Im März war ich gemachter Mann.

Ich gab ihr eine Hälfte ab,
sie saus- und brauste bis April.
Im Mai wurd der Schampanja knapp,
drum rief sie an: Pass auf, ich will

im Juni ein Verlagshaus baun.
Mach ruckzuck tausend Seiten voll,
so ungefähr wie der Dan Brown.
Im Juli druckte sie »Symboll«.

August, der Hochhausrohbau stand,
doch Antjes Konto sah kein Land.
Sie lebte schon vom Flaschenpfand,
drum schrieb ich diesen Lyrikband.

Und kaum war der September rum,
bezog sie ihr Imperium.
Das Buch ging wie geschnitten Brot.
Frau Antje lebt jetzt ohne Not,

für immer aller Sorgen bar,
und ich, na ja, bin Superstar.

Alphabetisches Verzeichnis der Gedichttitel und -*anfänge*

Ich bedanke mich ganz besonders beim Privat-Dozenten Doktor Georg Bungter für seine Vorlesungen und Reimredungen.

Mein Gipfelgruß geht an die Seilschaft Harald Ries und Heiner Heller. Jungens, wir haben den Titel gemeinsam erwandert!

Fritz Eckenga, Januar 2010

FRITZ ECKENGA ruhrt in sich selbst. Vom Stützpunkt
Dortmund aus dichtet er sich die Welt zusammen.
Die Ergebnisse stellt er auf Bühnen, im Radio
und in Büchern vor.
Im Verlag Antje Kunstmann erschien zuletzt:
»Prima ist der Klimawandel, auch für den Gemüsehandel«.
Weitere Informationen unter www.eckenga.de

© Verlag Antje Kunstmann GmbH, München 2010
Umschlag: Ernst Kahl
Autorenfoto: Philipp Wente
Satz: Schuster & Junge, München
Druck und Bindung: Pustet, Regensburg
ISBN 978-3-88897-655-1
1 2 3 4 5 · 13 12 11 10